W0173816

Udo Richard

Der kleine Zahlenteufel in der Schule

Illustrationen von Jan Birck

Der Umwelt zuliebe ist dieses Buch auf chlorfrei gebleichtem Papier gedruckt.

ISBN 3-7855-3789-1 – 2. Auflage 2003
© 2001 Loewe Verlag GmbH, Bindlach
Umschlagillustration: Jan Birck
Gesamtherstellung: L.E.G.O. S.P.A., Vicenza
Printed in Italy

www.loewe-verlag.de

Inhalt

Schwierige Hausaufgaben

„Mist!", ruft Jan.
Wütend fegt er
das Rechenheft vom Tisch.

Es ist wie verhext.
Ausgerechnet heute kriegt er
keine einzige Aufgabe raus.

In seinem Kopf schwirren
tausende von Zahlen
wild durcheinander.

Und dabei will Frau Seidel,
seine Klassenlehrerin,
schon morgen
eine Probearbeit
schreiben lassen.

„Oh Mann", denkt Jan.
„Das kann ja heiter werden!"

Was ist denn das?

Plötzlich hört er jemanden
ganz fürchterlich schimpfen.

„Spinnst du?
Man feuert doch nicht
einfach so sein Rechenheft
durch die Gegend!",
meckert es von irgendwoher.

Jan schaut
unter den Schreibtisch.
Er traut seinen Augen nicht.

Neben seinem Rechenheft
sitzt ein kleines Teufelchen.

„W-wer b-bist du denn?",
stottert er.

„Siehst du das nicht?
Ich bin Diabolo,
das Zahlenteufelchen aus
deinem Rechenheft!"

„Ein Zahlenteufelchen?",
fragt Jan entgeistert.
„Hat denn das jeder
in seinem Rechenheft?"

Diabolo stemmt entrüstet
die Arme in die Seiten.

„Natürlich nicht!", ruft er.
„Ich bin schließlich
einzigartig!"

„Dann hast du also heute
meine Zahlen
durcheinander gebracht!",
schimpft Jan wütend.

„Na ja, ich ... äh ...",
stammelt
Diabolo verlegen.

„Na warte", sagt Jan,
„du kannst was erleben!"

Rache ist süß

Blitzschnell packt Jan
das Rechenheft.

„So, in meinem Rechenheft
hast du jedenfalls
nichts mehr zu suchen!"

„Halt! Warte!",
ruft Diabolo verzweifelt.
„Wie soll ich denn jetzt
Zahlenquatsch machen?"

„Das ist mir doch egal!",
erwidert Jan ungerührt.

„Ach, lieber Jan",
fleht das Teufelchen jetzt.
„Dann nimm mich doch bitte
morgen mit in die Rechenstunde.
Dann könnte ich dort
die Zahlen durcheinander bringen."

„Gar keine so schlechte Idee",
denkt sich Jan.

„Also gut!", sagt er.
„Aber nur,
wenn du verhinderst,
dass wir morgen
eine Rechenarbeit schreiben!"

„Au ja!",
schreit Diabolo begeistert.

Der Spaß beginnt

Am nächsten Morgen
kommt Frau Seidel
mit einem Stapel Arbeitsblätter
in die Rechenstunde.

Die Klasse stöhnt.

Neugierig linst Diabolo
aus Jans Schulranzen hervor –

und ist – wusch – auch schon
auf dem Lehrerpult gelandet.

Niemand aus Jans Klasse
hat Diabolo bemerkt.

Anscheinend kann nur
Jan den Zahlenteufel sehen.

„Also, Kinder",
beginnt Frau Seidel,

„vor der Probearbeit
lösen wir zum Aufwärmen
ein paar Minusaufgaben."

„Aufwärmen ist gut",
denkt sich Diabolo.

Er spuckt ein bisschen Feuer.

Ein bisschen hierhin,
ein bisschen dorthin.

Schön vorsichtig,
um niemanden zu verbrennen.

„Puh, ist das heiß",
ruft Frau Seidel.

Sie öffnet das Fenster
und schaut aufs Thermometer.

„Tatsächlich: 28 Grad",
staunt sie.
„Und das im April!"

„Aber jetzt rechnen wir! –
Jan, wie viel ist 11 minus 7?"

Hexerei im Klassenzimmer

Jan überlegt.

Da bemerkt er plötzlich
etwas Merkwürdiges.

Elf Arbeitsblätter schweben
langsam vom Pult empor.

Sie verwandeln sich
wie von Geisterhand
in wunderschöne Papierflieger ...

... und segeln
kreuz und quer
durchs Klassenzimmer.

Plötzlich halten
sieben von ihnen inne –

und sausen im Sturzflug
aus dem Fenster.

Die übrigen vier ziehen weiter
gemächlich ihre Runden –

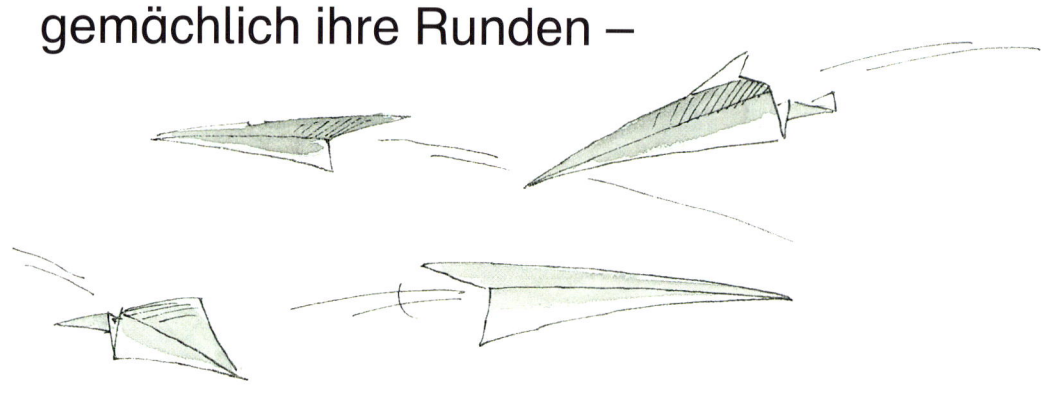

bis auch sie sich
einer nach dem anderen
durchs Fenster davonmachen.

Die Klasse ist starr
vor Staunen.

„V-v-vier", löst Jan
die Rechenaufgabe.

„Richtig", freut sich
Frau Seidel.
Sie hat von alledem
gar nichts bemerkt.

Gut gemacht, Diabolo!

Die Lehrerin will nun
die Arbeitsblätter austeilen.

Aber es sind ja
viel zu wenig!

Frau Seidel ist ratlos.
Wo sind nur
die Arbeitsblätter geblieben?

„Es ist aber auch
wirklich heiß hier!",
seufzt sie.
„Viel zu warm zum Arbeiten.
Ich will noch einmal sehen,
was das Thermometer sagt!"

Darauf hat Diabolo nur gewartet.
Mit heißem Atem haucht er
auf das Thermometer.

„31 Grad!",
ruft Frau Seidel verblüfft.
„Hitzefrei!"

„Hurra!", jubeln die Kinder
und beginnen einzupacken.

Auch die Lehrerin nimmt
kopfschüttelnd ihre Tasche
und geht zur Tür.

Und wer sitzt da
auf Frau Seidels Tasche?

Es ist Diabolo!
Er blinzelt Jan zum Abschied
spitzbübisch zu.

Erster Leseerfolg

Die Buchstabenhexe

Vier Spürnasen
im Baumhaus

Mein bester Freund
ist ein Vampir

Die Buchstabenhexe
im Klassenzimmer

Das
Brezelfresserchen

Nacht für Nacht immer nur mit dem Werwolf Schnauzi zu spielen findet Balduin langweilig: Der kleine Vampir hätte so gerne einen richtigen Freund. Seit Mama und Papa Eckzahn mit ihm in das alte Schloss gezogen sind, ist weit und breit kein anderes Vampirkind zu entdecken. Aber eines Nachts wartet eine Überraschung auf Balduin ...

Die Buchstabenhexe
macht Ferien

Der schnellste Bär
der Welt

Tiger und Tom

Tiger und Tom
sind echte Helden

Loewe